ADALBERT L. BALLING

Alles Große ist einfach

Weisheit des Herzens

HERDER
FREIBURG · BASEL · WIEN

Für alle
die sich um Einfachheit mühen –
für meine Freunde
nah und fern

Umschlaggestaltung: Finken & Bumiller, Stuttgart
Umschlagmotiv: © Tony Stones

Herstellung: Clausen & Bosse, Leck
Gedruckt auf umweltfreundlichem,
chlor- und säurefrei gebleichtem Papier
ISBN 3-451-26796-9

INHALT

»Freunde,
liebt nicht mich –
liebt niemals den,
der ich bin!
Doch was ich
werden möchte,
das, ja, das liebt an mir!«

Christian Morgenstern

ZUM GELEIT
Daß Ihnen die Einfachheit gelinge ...

Wenn ich mich frage, welche Persönlichkeiten mich am nachhaltigsten beeindruckt haben – und warum, dann komme ich immer wieder auf eine ganz schlichte und einfache Antwort zurück: Es waren und es sind die einfachen Menschen, die mir am meisten gaben – angefangen von meiner Mutter, einer sehr bescheidenen, unaufdringlichen und tief frommen Frau vom Lande, bis hin zu Frère Roger von Taizé, Dom Helder Camara, Pater Lassalle und Karlfried Graf Dürckheim. Meine Begegnung mit diesen Menschen, egal wie kurz und flüchtig, bleibt mir zeitlebens im Gedächtnis als eine Begegnung mit Freunden; mit Menschen, die Güte, Liebe und Wohlwollen ausstrahlten. Ihr Charisma ist bzw. war das Charisma der Einfachheit. Und wegen ihrer Einfachheit wirkt auch die Begegnung mit ihnen nach – nicht wegen sonstiger Größe oder Berühmtheit.

Von tiefer Einfachheit sprechen auch zahlreiche Legenden aus dem Leben großer Heiliger. Ob Johannes der Evangelist, der mit einem Rebhuhn spielte, ob Franz von Sales, der die junge Franziska von Chantal anwies, die Türe leise zu schließen, als sie sich anbot, etwas für den Frieden in der Welt zu tun; ob Martin von Tours, der seinen Mantel mit einem Bettler teilte; ob Nikolaus von Myra, der armen Mädchen goldene Äpfel schenkte; ob Teresa von Avila, die zuweilen mit ihren Schwestern spielte und tanzte – sie alle verweisen auf die Kunst der Einfachheit und Bescheidenheit.

Ähnliches finde ich in den bekannten jüdischen Erzählungen aus dem Chassidim, die Martin Buber gesammelt und herausgegeben hat. Der Grundtenor in fast all diesen Geschichten ist der gleiche: Der hochgelehrte Rabbi ist einfach, zugänglich, mitmenschlich, rücksichtsvoll, hilfsbereit, streichelt kleine Kinder, hilft Witwen und Waisen, grüßt Freunde und Fremde, hat ein Herz für Tiere, läßt sich auch von noch so spitzfindigen Argumenten nicht einlullen; das Einfache liegt ihm am Herzen; die Einfachheit ist sein Charisma.

Und selbst in den Märchen der Weltliteratur finden wir viele »Helden der Einfachheit«. In der Sammlung der Gebrüder Grimm wie in den Sammlungen fremder Völker und Stämme. Der arme Bettler, der schlichte Bauer, der bescheidene Viehhirt, die demütige Dienstmagd, die opferbereite Mutter – sie alle sagen es tausendfach: Alles Wichtige wächst in der Stille; alles Große ist einfach.

Dieser Band möchte ein paar Impulse mitgeben auf dem eigenen Weg zur Einfachheit. Wir werden zeitlebens dazu unterwegs sein, denn Einfachheit wächst langsam, in einem langen und oft auch mühsamen Leben. Einfachheit ist uns täglich neu aufgegeben – so wie Freude und Liebe auch. Daß Ihnen diese Einfachheit gelinge, das wünsche ich Ihnen von Herzen.

ADALBERT LUDWIG BALLING

Glücklich die Einfachen

»Einfach sein heißt in einer Zeit,
in der alle Begriffe durcheinandergebracht,
verdreht und auf den Kopf gestellt werden,
den Blick allein auf die einfachste Wahrheit
zu richten.
Es heißt – im guten Sinne – einfältig sein.«

Dietrich Bonhoeffer

Der Einfache
ist der Gelassene.

Er kann loslassen,
weglassen,
auslassen.

Er ruht in sich,
verwurzelt in dem,
der ihn schuf.

Der Einfache
hat Würde –
ohne Anspruchsdenken.

Er strahlt etwas aus,
ohne für sich werben zu müssen.

Er ist demütig,
weil wahr.

Er ist großmütig,
auf Lob und Anerkennung
nicht angewiesen.

Er gleicht einem Baum –
seine Herkunft
wurzelt in der Tiefe,
seine Sehnsucht
langt nach dem Himmel.

Er legt die Masken ab,
verzichtet auf Schminke,
benötigt kein Make-up.
Er ist einfach
wie ein Kind,

ohne Hintergedanken,
ohne Doppelbödigkeit,
ohne falschen Ehrgeiz.

Er weiß um Jesu Worte:
Wenn ihr nicht werdet
wie die Kinder ...

Jesus war der Einfache schlechthin –
sein Benehmen,
sein Reden,
sein Tun –
alles war durchsichtig,
offenkundig,
unkompliziert.

Jesus war klar und korrekt.
Er lobte Natanael,
den Mann ohne Fehl und Trug.
Er liebte die Einfachen,
die Bescheidenen,
die Ehrlichen.
Um so mehr verabscheute er
die Großmäuligen,
die Schein-Heiligen,
die Versnobten ...

Einfachheit erfordert
Ehrlichkeit in den Worten,
Wahrheit im Reden,
Zuverlässigkeit im Handeln.

Einfachheit heißt –
nicht mehr scheinen wollen,
als ich bin.
Zu dem stehen,
was ich glaube.
Dem treu sein,
was ich versprochen habe.

Einfach sein heißt auch –
weniger Anspruch,
aber mehr Hingabe;
weniger Komfort,
aber mehr Heimat;
weniger Worte,
aber mehr Engagement.

Einfach und zufrieden sein –
mit weniger Autos,
weniger Medikamenten,
weniger Abfall,
weniger Stromverbrauch,
weniger Wasserkonsum,
weniger Fleischwaren,
weniger Benzin,
weniger Öl,
weniger Plastiktüten …

Einfach sein
fordert Ehrlichkeit,
Mut,
Klarheit –
auch die Bereitschaft,
gelegentlich
gegen den Strom
zu schwimmen.

Einfach sein
heißt auch –
weniger Lärm,
weniger Anspruchsdenken,
weniger Egoismus.

Einfachheit
fordert Verzicht;
verlangt Opfer.

Einfach sein –
ohne Prunk,
ohne Glanz,
ohne Klimbim
und Firlefanz.

Die Einfachheit der Nomaden
erwächst aus ihrer Bescheidenheit
und ihrem Verbundensein
mit der Natur,
aus ihrer Liebe
zu Pflanzen und Tieren.
Die Natur lehrt Einfachheit,
weil sie auf Gott verweist.
Einfachheit ist dort,
wo Gott ist.

Der Einfache
ist fast immer auch
der Weise.
Der Weise will
das Einfache,
das Bescheidene,
das Natürliche.

Alle Ein-Sichtigen
sind einfache Menschen.
Alle Weisen
sind Bescheidene.
Alle Auserwählten
suchen das Einfache.

Das Geimnis des Großen im Einfachen

Je einfacher ein Mensch,
um so tiefer
seine Wirkung
auf andere.

Die ganze Natur ist einfach –
bei aller Vielfalt,
bei aller Buntheit,
bei aller Verschwendung,
bei aller
scheinbaren
Vergeudung.

Pflanzen und Tiere
sind höchst einfache Wesen.
Nur der Mensch liebt es
zu komplizieren.

Dennoch –
auch der Mensch
ist auf Einfachheit hin
angelegt –
bei aller Kompliziertheit
seines Wesens.
Der Mensch
wird erst Mensch,
wenn er einfach wird.

Einfache Menschen
sind heitere Menschen.
Sie strahlen etwas aus.
Sie stecken andere an –
mit ihrer Heiterkeit.
Sie reißen andere mit
durch den Charme
ihrer Einfachheit.

Ohne Einfachheit –
keine Genesung,
keine Heilung,
keine Harmonie.
Erst der geheilte Mensch
ist mit sich im Einklang.
Der Einfache
ist der Heile.
Er ist innerlich zufrieden,
ist froh und frei,
weil einfach
und bescheiden.

Josef, der Einfache,
Maria, die Bescheidene,
Jesus, der in sich Ruhende.

Drei Einfache –
ohne Zwischentöne,
ohne Verstellungen,
ohne Lug und Trug.

Je einfacher die Religion,
desto näher führt sie zu Gott.
Denn Gott ist der Einfache
in der Dreifaltigkeit;
der Dreifaltige
in einem Wesen;
der Wahre und Unverfälschte;
der Weise
und Ewige.

Einfach ist –
wer Herzensbildung hat,
wer andere nicht mißachtet,
wer niemanden wegen seiner
bescheidenen Talente
scheel ansieht.

Der Einfache ist
der Zugängliche,
der Sympathische,
der Wohl-Wollende.

Es ist die Aufgabe jedes Menschen,
einfach zu werden;
zum Kern der Dinge,
zum Wesen des Seins
zu finden.

Auch Einsiedler
sind einfache Menschen.
Sie leben nach den Bibelworten:
Betrachtet die Lilien des Feldes –
sie säen nicht,
sie ernten nicht,
und doch kleidet sie Gott
mit mehr Pracht
als Salomon
in all seinen Gewändern ...

Einfachheit
auch im Beten,
ohne viele Worte,
ohne Eigenlob,
ohne Selbstrechtfertigung,
ohne auf andere zu verweisen,
ohne falsche Bescheidenheit.

Das Vaterunser
ist das einfachste
aller Gebete.
Es lehrt Demut,
Bescheidenheit,
Dankbarkeit,
Hoffnung.

Unbescheidene Beter
widersprechen sich selber.
Nur die Einfachen
hört Gott.

Einfachheit
ist – letztendlich –
tiefes,
unbeschreibbares
Glück.

Es ist das Glück derer,
die bereit sind
zu dienen –
zu lieben,
ohne jemals die Gegenfrage
zu stellen,
was es ihnen bringt.

Die Einfachen
sind glücklich,
weil selbstlos.

Die wahre Einfachheit

»Wenn wir wirklich
in der ganzen Einfachheit ruhen,
ist unsere Erscheinung
freier und natürlicher.
Die wahre Einfachheit
erfüllt unser Bewußtsein
mit Offenheit,
Freundlichkeit,
Unschuld,
Heiterkeit
und Gelassenheit.«

FRANÇOIS FENELON

Kompliziert
ist das Leben derer,
die alles für sich selber wollen.
Die nicht an andere denken,
nicht auch für andere sorgen,
nicht willens sind,
die Interessen anderer
den eigenen vertraut zu machen.

Rätselhaft
ist das Leben der Ewig-Neugierigen –
sie gieren nach Sensation
auf Kosten anderer.
Sie ersinnen täglich neue Masken,
um ihr eigenes Unvermögen
zu verbergen;
sie wollen nicht zugeben,
daß ihr Leben weniger rätselhaft wäre,
wenn sie einfacher lebten.

Ruhelos
ist das Leben derer,
die stets darum bemüht sind,
anderen anzudichten,
was sie selber im Übermaß besitzen:
Unzufriedenheit,
Ungeduld,
Unfrieden …

Sie sollten lernen,
daß nichts im Leben so wertvoll ist
wie ein Mensch,
der seinen Eigenwert kennt
und bejaht,
ohne darüber
seine Bescheidenheit zu verlieren.

Lächerlich, widerlich
ist das Leben derer,
die sich ständig in den Mittelpunkt stellen.
Sie haben die Botschaft des Evangeliums
völlig mißverstanden:
Die Ersten werden die Letzten sein –
und die Letzten die Ersten.

Bemitleidenswert
ist das Leben derer,
die meinen, ohne Gott
auskommen zu können.
Sie verrennen sich, früher oder später,
im Aber- und Irrglauben.
Erst die Rückkehr zur Einfachheit
kann ihnen den Weg öffnen für den,
der da ist
Weg, Wahrheit und Leben.

Töricht
ist das Leben derer,
die nichts anderes im Kopf haben
als modische Gefallsucht.
Ihre Mühen,
immer neu gefallen zu müssen,
werden zu Ängsten;
sie versperren ihren Blick
für die Zukunft.
Ihre Eitelkeiten verheddern sich
in banale Äußerlichkeiten.
Der Einfachheit geben sie keinen Raum.
Sie bedauern die Einfachen –
und sind doch allemal
die zu Bedauernden.

Unglaubwürdig
ist das Leben derer,
die immer nur fordern und kritisieren
und noch mehr haben wollen.
Sie widersprechen
dem Gesetz der Einfachheit:
Großes und Bleibendes
erwächst allein
den Bescheidenen.

Verfehlt
ist das Leben derer,
die immer nur Großmäuliges
denken und reden;
die über ihre Großmannssucht
das Eigentliche vergessen:
die Einfachheit
im Denken, Reden und Tun.

Bedauerlich
ist das Leben derer,
die meinen,
je mehr Titel und Orden sie tragen,
umso ehrenhafter sei ihr Name.
Das Gegenteil trifft häufiger zu:
Die Einfachen sind des Lobes wert.
Die Bescheidenen verdienen Anerkennung.
Die Unauffälligen sind meist auch
die Liebenswerten.

Beeindruckend einfach
sind jene,
die sich selbst zurücknehmen können,
wenn es um eine wichtige Sache geht.
Sie wissen persönliche Eitelkeiten
zum Wohl anderer
zurückzustellen.

Sie stehen anderen bei
schon allein durch ihr Da- und Sosein.
Sie helfen anderen,
Ängste zu überwinden
und Mißtrauen abzubauen.
Sie lehren täglich neu:
Großes wächst
durch Einfachheit.

Sie vergelten Haß mit Liebe,
Intrige mit Wohlwollen.
Sie leben aus dem Wissen:
Nur die Einfachen
reißen die Brücke des Hasses nieder;
nur sie errichten Brücken der Liebe.

Beeindruckend einfach
sind jene,
die in allen Menschen
Brüder und Schwestern sehen –
egal welcher Hautfarbe,
Nationalität
oder Religion.
Sie leben die Geschwisterlichkeit aller
in Einfachheit und Liebe.

Sie bleiben einfach –
trotz Ämter und Würden;
sie lassen auch jene gelten,
die mehr scheinen wollen
als sie sind.

Sie wissen:
Wahrhaft Kluge sind schlicht;
wahrhaft Tüchtige unauffällig;
wahrhaft Vornehme
niemals überheblich.

Sie ertragen Leid
und Enttäuschungen,
ohne zu murren.

Sie haben gelernt,
daß nur jene reifen,
die ausharren
in Geduld,
in Liebe,
in Einfachheit.

Beeindruckend einfach
sind jene,
die kein Aufhebens machen von sich selbst.
Die Gutes tun
und Güte ausstrahlen.

Sie leben die Liebe
und streben nach Wahrheit.
Sie zwingen niemandem
ihren Standpunkt auf.
Sie lassen auch andere Meinungen gelten,
halten selbst nur fest
am Einfachen und Wahren.

Sie tragen Freude und Heiterkeit
im Herzen.
Sie verbreiten Frohsinn.

Sie wissen:
Echte Freude
freut sich am Schlichten.
Wahrer Frohsinn
braucht weder Prunk
noch Fanfaren.

Die Würde und hinreißende Schönheit der Einfachheit

»Ich muß meine Rebe
von allem unnützen Blätterwerk befreien
und mich an das halten,
was Wahrheit,
Gerechtigkeit,
Nächstenliebe ist.
Je älter ich werde,
desto deutlicher empfinde ich
die Würde und hinreißende Schönheit
der Einfachheit
im Denken, Verhalten und Reden.
Ich spüre den Wunsch,
das Komplizierte zu vereinfachen
und alles mit der größten Natürlichkeit
und Klarheit zu behandeln.«

PAPST JOHANNES XXIII.

Als Gott die Welt erschuf,
schuf er sie nach seinem Bild und Gleichnis.
Er schuf das Einfache –
und mit dem Einfachen das Schöne.
Und mit dem Schönen das Wahre.
Und mit dem Wahren das Bescheidene.

Als Gott die Welt erschuf,
schenkte er den Einfachen
seine ganze Liebe.
Den Ameisen und Bienen
gab er Intelligenz;
die Stärke der einen
ergänzte er durch Emsigkeit und Fleiß
bei den anderen.

Als Gott die Welt erschuf,
war sie noch keusch.
Mit der Unschuld
verlor sie auch ihre Einfachheit.
Mit der Lüge
kam der Luxus
und mit dem Luxus der Neid.

Als Gott die Welt erschuf,
war sie nach seinem Bild und Gleichnis ...

Als Gott die Welt erschuf,
hat er nichts davon gesagt,
daß die Mächtigen und Reichen
auf seiner Seite stünden.
Den Kleinen wollte er sich offenbaren,
den Verzagten,
den Trauernden,
den Beladenen ...

Als Gott die Welt erschuf,
hat er nichts davon erwähnt,
daß die Gescheiten und Geschickten
das Ruder der Welt führen sollten.
Er prophezeite vielmehr
Leben und Zukunft
vorab den Schwachen und Armen,
den Kleinen und Einfachen.

Als Gott die Welt erschuf,
hat er nichts davon erwähnt,
daß Könige und Kaiser
seinem Ohr am nächsten wären.
Er machte vielmehr von Anfang an klar,
daß ihm Hirten und Fischer,
Dirnen und Zöllner
nicht minder am Herzen lägen.

Als Gott die Welt erschuf,
hat er den Kleinen und Einfachen alles,
den Großen und Mächtigen
nichts versprochen ...

Einfachheit
spricht aus dem Bergkristall;
er öffnet sich dem,
der nach Licht,
nach Klarheit,
nach Transparenz sucht.

Die Einfachheit des Steins
hat Symbolcharakter.
Er brüstet sich nicht
ob seines Alters;
er bescheidet sich
in seinem So-Sein.

Allen Steinen gemeinsam
ist das Einfache,
weil Wesentliche.

Einfachheit
grüßt uns im Licht des Mondes.
Fahl zwar, doch auch silberhell,
ist er willens,
auch in dunklen Nächten zu scheinen.
Ihn kümmert nicht
des Menschen Lästerzunge.
Ihn stört nicht
der Hunde Gebell.
Er scheint, gleichwohl, für alle.

Einfachheit
blinken auch die Sterne am nächtlichen Himmel.
Seit Jahrmillionen ist ihr Licht unterwegs,
ohne Hast und Eile,
immer mit der gleichen Botschaft:
Weiterzugeben,
was ihrem Wesen entspricht:
Licht zu sein
für andere.

Einfach sind Bäume und Blumen.
Sie sprießen und blühen
tragen Samen und Früchte –
und welken wieder dahin,
ohne zu fragen,
ohne zu klagen.

Einfach ist die Rose –
schlicht und doch elegant.
Ihre Schlichtheit
ist ihre Anmut;
ihre Unbekümmertheit
ihre Schönheit.

Einfach ist die Distel.
Sie zählt nicht zu den Schönsten
dieser Erde;
sie wird nur selten bewundert.
Aber sie weiß um ihre Eigenart,
sie kennt ihren Wert.

Schlichte Größe
zeigt auch die Eiche.
Stark und kräftig,
tief in der Erde verwurzelt,
dem Sturm trotzend,
Eis und Schnee ausgeliefert,
Hitze und Dürre ertragend –
so beweist sie
Beständigkeit und Geduld.

Einfachheit
ist ihre Stärke,
ihre Größe.

Einfach sind die Tiere –
ob Weinbergschnecke oder Reh,
ob Esel oder Elefant.

Langsam und bedächtig
die Schnecke,
scheu und schüchtern das Reh.
Der Esel zeigt Zurückhaltung,
der Elefant prahlt nicht
mit seiner Größe.

Einfach ist das Kamel –
zäh, und hart im Nehmen,
ohne Hektik,
ohne Jagd auf Lobhudeleien.
Die Genügsamkeit des Kamels
hilft Menschen,
in der Wüste zu überleben.
Ohne die Treue dieses Tieres
wären Oasen
nur Luftspiegelungen …

Einfach und groß,
groß im Einfachen
ist alles Leben –
alles, was wächst und sprießt.

Das Einfache ist lautlos,
das Große wächst in der Stille,
das Schlichte braucht keine Schlagzeile.
Es ruht in sich –
und in dem,
der dazu aufrief,
einfach zu werden
und sorglos –
dem vertrauend,
der Himmel und Erde erschuf.

Einfachheit ist eine Tugend –
Einfachheit fällt uns nicht zu;
es gilt, sie zu erwerben.

Einfachheit
wäre die Zauberformel
der Zukunft.
Ohne praktizierte Einfachheit
kein Überleben der Menschen.
Ohne gelebte Einfachheit
kein Frieden auf Erden.
Ohne Bescheidenheit
keine Aus- und Versöhnung
zwischen den Völkern.
Ohne Einfachheit
keine Chance für kommende Generationen.

Ohne Besinnung
auf das Einfache
bliebe alles Mühen
um die Bewahrung der Schöpfung
umsonst ...

Einfachheit
ist eine Grund- und Wesenshaltung:
die täglich neue Bereitschaft,
einfach zu sein
und einfach zu leben.
Nur reife Menschen
finden zur Einfachheit;
nur weise und gütige
sind bescheiden.

Einfachheit
zeigt sich auch
in der Ehrlichkeit der Worte;
in der Zufriedenheit mit dem,
was man hat;
in der Willigkeit,
zu dienen und zu helfen;
in der Echtheit
von Worten und Taten;
in der Unabhängigkeit von Meinungen;
in der Unauffälligkeit der Kleidung;
in dem Bemühen,
nie sich selber in den Vordergrund zu rücken.

Je einfacher der Mensch,
umso überzeugender sein Leben.
Je überzeugender ein Mensch,
umso wahrer seine Worte.

Das Einfache ist immer auch
das Vornehme;
das Vornehme wächst
in geistiger Einfachheit,
in herzlicher Güte,
in liebender Zurückhaltung,
in großer Natürlichkeit.

Einfache Menschen
bilden den Adel der Welt,
ihre schöpferische Größe.

Geduld und Liebe

»Man muß ein halbes Leben
daran wenden,
um einzusehen,
daß sich die Waage des Daseins
nur im Gleichgewicht halten läßt,
wenn man zweierlei in die Schalen legt:
Geduld und Liebe.«

Karl Heinrich Waggerl

Der Einfache ist wie der Liebende –
er ist langmütig und gütig;
er ereifert sich nicht,
er prahlt nicht,
er bläht sich nicht auf;
er handelt nicht ungehörig,
er sucht nicht seinen Vorteil,
er läßt sich nicht zum Zorn reizen,
er trägt das Böse nicht nach,
er freut sich an der Wahrheit.

Der Einfache
erträgt alles,
glaubt alles,
hofft alles,
hält allem stand.

(Nach 1 Korinther 13)

Der Einfache
klingelt nicht mit leeren Worten,
er gibt nicht mehr vor,
als er ist,
er bescheidet sich mit dem,
was ihm anvertraut wurde.

Der Einfache
lobt andere,
freut sich über ihre Erfolge;
er schmollt nicht
und geizt nicht mit Anerkennung;
er hat (fast) immer Zeit für andere;
er nimmt sich Zeit,
auch wenn er keine hat.

Der Einfache
schenkt Gastfreundschaft,
ohne aufdringlich zu sein;
er schmunzelt lieber,
anstatt über andere zu urteilen;
er verzeiht, wenn andere ihm wehtaten;
er vergibt, wenn andere verletzten …

Der Einfache ist der Liebende –
der Gute Hirte,
der den Verlorenen nachgeht.

Der verständnisvolle Vater,
der dem heimkehrenden Sohn
entgegeneilt.

Der wohlwollende Hausvater,
der auch nachts seinen Freunden
Brot und Fisch reicht.

Der weise Weinbergsbesitzer,
der jedem königlichen Lohn zahlt,
egal zu welcher Stunde
er auch kommt ...

Der Einfache ist der Weise –
der alles hört und sieht,
der um alles weiß –
und schweigend
sein Wohlwollen bekundet.

Der Einfache ist der Kluge –
der behutsam Rat gibt,
der auf Stolpersteine aufmerksam macht,
Gespräche führt,
ohne glänzen zu wollen,
der hilft,
ohne ein Danke zu erwarten.

Der Einfache ist der Humorvolle:
Er lächelt
statt zu toben;
er blinzelt,
statt zu urteilen;
er schmunzelt,
statt zu schreien.

Der Einfache ist der Verläßliche,
der Dezente,
der Abwartende,
der Geduldige ...

Der Einfache hört niemals auf,
an das Gute im Menschen zu glauben.
Er sieht in jedem Menschen
ein Geschöpf Gottes.
Er weiß:
Was Gott gemacht hat,
hat er auch so gewollt.

Der Einfache ist der Selbstgenügsame –
zufrieden mit sich,
mit den Menschen,
mit Gott.

Der Einfache kennt seine Grenzen.
Er weiß um seine eigenen Schwächen.
Er weiß sich aber auch getragen
von Gottes Einfachheit und Liebe.

Der Einfache ist möglicherweise
auch der Zweifler,
jedoch niemals Zweifler
an Gottes Güte.

Der Einfache ist möglicherweise
auch der Zauderer,
jedoch niemals,
wenn es darum geht,
Gottes Willen zu erspüren.

Der Einfache ist möglicherweise
auch der Unwissende,
jedoch niemals,
wenn es heißt,
Gottes Liebe
anderen Menschen kundzutun.

Der Einfache ist möglicherweise
auch der Erfolglose,
jedoch niemals erfolglos
in den Augen Gottes.
Denn vor Gott zählen andere Maßstäbe;
vor Gott wird anders gemessen:
Letzte werden Erste sein,
Erfolglose die wirklich Erfolg-reichen –
reich
an Liebe,
an Güte,
an Wohlwollen,
an innerer Größe ...

Alles Wahre ist einfach –
Lügen gehen krumme Wege;
Ausreden schlängeln sich
durch Hinterhalte;
Unwahrheiten gehen Um- und Abwege;
Übertreibungen treiben andere
vor sich her …

Nur das Wahre
geht gerade Wege;
nur das Echte
scheut nicht die offene Straße.

Alles Böse birgt Boshaftes.
Alles Böse sucht Verborgenes.
Alles Böse will ablenken,
fernhalten, entzweien.
Alles Böse meidet das Klare,
das Offensichtliche,
das Offenbare.
Alles Böse verwickelt sich
in Widersprüche,
verhüllt sich ins Dunkle,
vermauert sich hinter Barrikaden.
Alles Böse ist Meister im Verwirren.
Alles Böse will Chaos.

Der Böse
heißt »Diabolos«:
der Alles-durcheinander-Werfer;
der Verfechter des Falschen,
der Gegner des Einfachen und Wahren.

In der Einfachheit
verlöre selbst das Böse
seine Bosheit.
Das Böse widerspricht
dem Einfachen und Schlichten.
Alles Böse ist zwielichtig.
Nur das Wahre ist einfach und groß
vor Gott und den Menschen.

Das Schöne
ist nicht immer auch das Wahre.
Doch alles wahrhaft Schöne
ist auch einfach.
Einfachheit ist Schönheit,
weil Wahrheit.

Einfach,
also nicht zweifach,
nicht zwiespältig,
nicht doppelzüngig,
nicht mehrdeutig.

Einfach,
also ungeteilt,
nicht zersplittert,
nicht zerrissen,
nicht entzweit.

Einfach
im Wesen,
im Denken,
im Tun,
im Begegnen.

»Laß mein Lied einfach sein ...«

»Laß mein Lied einfach sein –
wie das Erwachen am Morgen,
wie das Tropfen des Taus von den Blättern.
Einfach wie die Farben der Wolken
und mitternächtlichen Wolkenschauer.
Aber die Saiten meiner Laute sind noch neu
und in ihrer Neuheit stoßen
sie die Töne zu heftig,
so daß sie scharf sind wie Speere.
So haben sie noch nicht
den Geist deines Windes,
und sie verletzen das Licht deines Himmels.
Diese schrillen Weisen meiner Lieder
drängen sich vor;
sie suchen,
deine eigene Musik zu übertönen ...«

RABINDRANATH TAGORE

Macht-Menschen
sind selten sensibel.
Die Großen und Mächtigen
dieser Erde
sind selten einfühlsam.
Die Berühmten und Gefeierten
zeigen sich selten hilfsbereit.
Die Alleskönner
geben sich selten bescheiden.

Nur die Einfachen
sind beides:
sensibel und zärtlich.
Nur die Einfachen
machen es auch anderen einfach.
Nur die Einfachen
vermitteln Güte und Wohlwollen.

Nur die Einfachen
haben vor Gott Bestand.

Nur die Einfachen
haben die Gewähr,
niemals von Gott verlassen zu sein.

Nur die Einfachen
sind dem Herzen Gottes
wirklich nahe.

Nur die Einfachen sind auf dem Weg,
den die Frohbotschaft weist:
zu werden wie die Kinder:
einfach
und ihrer Einfachheit groß ...

Einfach heißt nicht –
unkultiviert sein,
unwissend,
primitiv,
naiv.

Einfach heißt vielmehr –
aus innerer Überzeugung
und Herzensbildung
das Schlichte dem Schillernden,
das Bescheidene dem Betulichen,
das Wahre dem Schein vorziehen.

Einfach heißt –
vieles wissen,
vieles können,
vieles hören,
vieles sehen,
vieles verstehen,
ohne es an die große Glocke zu hängen.

Einfache Menschen
drängen nicht nach vorne;
sie fordern nicht;
sie wissen zu warten.

Einfach sein heißt –
Humor haben.
Heißt auch,
über sich selbst lachen können.
Heißt, sich selbst
nicht zu wichtig nehmen.
Heißt, überzeugt sein,
daß Gott um alles weiß.

Einfach sein heißt auch,
daß es in Gottes Augen
nichts völlig Unwichtiges gibt;
nicht *einen* Menschen,
der nicht wichtig wäre!

Einfach sein heißt –
lieben:
den Nächsten
wie sich selbst,
und Gott –
ohne Bedingung,
ohne Ende.

Einfachheit statt Glanz.
Einfachheit statt Überheblichkeit.
Einfachheit statt Verschwendung.
Einfachheit statt Luxus.
Einfachheit statt Stolz.
Einfachheit statt Verstellung.
Einfachheit statt Ehrsucht.
Einfachheit statt Jagd auf Lobeshymnen.
Einfachheit statt Haschen nach Titeln und Ehren.
Einfachheit statt Quasten und Schnüre.
Einfachheit statt Mehr-gelten-Wollen als Sein ...

Der ärgste Feind der Einfachheit
(wie Jesus es sah)
waren die »Theologen« seiner Zeit –
die Pharisäer und Schriftgelehrten.
Kein anderer Berufsstand
wurde von Jesus
so deutlich an den Pranger gestellt,
kein anderer so offen gescholten ...

Wie gut stünde allen, die meinen,
um Gott zu wissen,
die Einfachheit Jesu!
Nicht nur dem »Fußvolk« der Gläubigen,
auch den Geistlichen,
den Hirten und Prälaten!

Wie gut stünde allen Christen
die Einfachheit Jesu!

Glücklich ist nicht,
wer viel hat,
sondern wer viel gibt.

Glücklich ist nicht,
wer viel tut,
sondern wer viel ist.

Glücklich ist nicht,
wer viel redet,
sondern hört und überlegt,
ehe er etwas sagt.

Glücklich ist nicht,
wer sich der Vielfalt und Buntheit
des Lebens brüstet,
sondern einfach ist –
mit sich und der Welt im reinen.

Glücklich ist nicht,
wer tun oder lassen kann,
was er will,
sondern wer sein Leben
dem Einfachen und Bescheidenen öffnet;
wer sich nicht sperrt
gegen das Natürliche und Wahre.

Eigentlich
könnten wir mit sehr wenig auskommen;
eigentlich genügt schon ein Stück Brot
und etwas Wasser,
ein Apfel
und ein paar Rosinen;
eine Banane
und ein paar Tomaten ...

Eigentlich genügt schon
ein kleines Plätzchen Erde,
wo man sein müdes Haupt
hinlegen darf –
und ein Mensch,
der es gut mit uns meint.

Eigentlich
könnten wir auf vieles verzichten,
was wir für unverzichtbar halten;
eigentlich leben wir
nicht das Leben;
wir lassen uns diktieren,
was wir zum Leben brauchen,
und wir merken kaum,
wie sehr wir zu Sklaven werden –
zu Sklaven unserer Wünsche.

Güte, Liebe, Versöhnung, Stille und Gebet

»Die selbstverständlichen und einfachen Dinge
des Lebens sind die schwersten.
Und wenn der Mensch sie
am Ende seines Lebens kann,
dann war sein Leben köstlich, reich und gesegnet.
Und zu diesen Dingen –
den einfachsten und zugleich schwersten, gehören:
Güte, Liebe, Versöhnung, Stille und Gebet.«

KARL RAHNER

Mit der Geburt Jesu kam die Einfachheit auf die Welt. Der große Gott wurde klein wie ein Menschenkind. Er wurde Mensch in einem ärmlichen Viehstall. Seine Eltern waren einfache Leute vom Land. Teuere Hotels und Gasthöfe konnten sie sich nicht leisten; man ließ sie erst gar nicht ein, denn man sah ihnen ihre Armut an.

Einfache Hirten erhielten als erste davon Kunde – von der Geburt des Gottessohnes in einem Stall bei Betlehem. Und als im »Morgenland« weise Männer darauf aufmerksam wurden – in der Bibel werden sie »Sterndeuter« bzw. »Magier« genannt, im Volksmund »Drei Könige« –, da mußten auch sie erst einmal herunter »vom hohen Roß«, um dem zu huldigen, der da als Kind in der Krippe lag. Ohne diese Bereitschaft zur Einfachheit hätten sie das Neugeborene wohl nie finden können.

Dann waren es der greise Simeon und die greise Hanna, beides einfache Leute, die ihr Leben lang auf die Ankunft des Messias gewartet hatten und nun dem Kind ihre »Aufwartung« machten.

Maria und Josef registrierten wohl diese frühen »Huldigungen«, aber sie blieben bescheiden und einfach.

Es folgten die Flucht nach Ägypten, das Leben in der Fremde, im Exil – und später, wieder daheim – das Leben und Arbeiten einfacher Handwerksleute.

Als Jesus schließlich – nur einmal unterbrochen, als Zwölfjähriger im Tempel – die ländliche Stille und Einsamkeit verläßt und öffentlich auftritt, da macht er einfache Fischer zu seinen Jüngern. Für die hochnäsigen Schriftgelehrten und Pharisäer hat er harte Worte. Nein, mit ihnen kann er es nicht, nicht mit denen, die sich aufblasen und wichtig tun, nicht mit den Stolzen und Überheblichen.

Jesu Reden sind einfach, meist in Gleichnisse gehüllt. Er spricht zu den Menschen vom Sämann auf dem Acker; vom Winzer im Weinberg; vom Guten Hirten, vom Feigenbaum, der keine Früchte trägt, vom verlorenen und ewig geliebten Sohn, der ins Vaterhaus heimkehrt, vom barmherzigen Samariter, von der Perle im Acker. Alles schlichte, einfache Parabeln und Gleichnisse, für jedermann und jedefrau verständlich.

Auch die Menschen, die ihm (nach-)folgen, sind einfache Leute: Menschen aus dem Volk. Viele Kranke sind darunter, Aussätzige, von bösen Geistern Besessene. Sie alle suchen Heilung.

Viele Frauen folgen ihm, hängen an seinen Worten, weinen und lachen mit ihm. Vor Dirnen spuckt er nicht aus, vor Zöllnern ekelt es ihn nicht. Für Suchende hat er immer Zeit – auch wenn sie heimlich kommen, wie Nikodemus, oder die stadtbekannte Maria von Magdala. Und ein einfacher, wahrscheinlich schwarzer Mann hilft ihm das Kreuz tragen. Sogar dem Schächer auf Golgota wendet er sich zu …

Nirgends wird die Einfachheit Jesu deutlicher als in seinem Umgang mit Kindern. Ihnen gehört sein ganzes Herz. Ihnen – und immer wieder den Armen, den Benachteiligten, den an den Rand der Gesellschaft Gedrängten.

Jesus, der Gott-Mensch, war der ganze Einfache, weil Wahre. So wahr und so einfach wie nur Gott sein kann ...

Die alttestamentliche Aufforderung Jahwes an Mose: »Wandelt vor mir und seid vollkommen!« hat der jüdische Religionsphilosoph Martin Buber so übersetzt: »Wandelt umher, und seid einfach und ganz!«

Wer sich müht, ganz zu sein, müht sich, ein-fach zu sein. Nur einfache Menschen sind auf dem Weg, ganze Menschen zu werden.

Sieben Dinge – so heißt es im Talmud – seien bei einem unreifen Menschen zu bemerken und sieben bei einem Weisen:

Ein Weiser redet nicht vor einem, der größer ist als er an Weisheit und an Zahl; er fällt seinem Gefährten nicht ins Wort; er überstürzt sich nicht beim Antworten; er fragt der Sache gemäß – und er antwortet den Lebensregeln entsprechend; er redet über Erstes zuerst und über Letztes zuletzt; über das, was er nicht selbst gehört hat, schweigt er – oder er sagt: Ich habe es nicht gehört. Der Weise anerkennt die Wahrheit. – Genau das Gegenteil ist bei einem Unreifen zu bemerken ...

Es war am Vorabend des »Versöhnungstages« – so beginnt eine alte jüdische Legende – und die ganze Gemeinde hatte sich schon im Bethaus versammelt. Nur der Rabbi war noch nicht anwesend. Er hatte strikte Anweisungen gegeben, daß man mit dem Beten niemals auf ihn warten solle, falls er einmal nicht rechtzeitig zur Stelle sei. So begann man also mit dem Gebet – ohne den Rabbi.

Einige Zeit später traf auch der Rabbi ein. Die Versammelten fragten voller Anklage, warum er so spät komme und das wichtige Gebet bereits versäumt habe? Der Rabbi zögerte erst, ihnen den wahren Grund seines Zuspätkommens zu nennen. Schließlich tat er es doch: Als er gerade zum Beten gehen wollte, habe er unterwegs in einem Haus ein weinendes Kind vernommen. So sei er hineingegangen und habe festgestellt, daß die Mutter des Kindes zum Beten weggegangen war und das Kleine alleingelassen hatte. So blieb der Rabbi bei dem Kind und spielte mit ihm so lange, bis es müde wurde und einschlief. Dann setzte er seinen Weg zum Bethaus fort ...

Als Jesus zum Himmel fuhr – so eine urchristliche Legende – erwartete ihn dort der Erzengel Gabriel. Gemeinsam blickten sie auf die Erde hinunter, wo die Jünger und Jüngerinnen, etwas verunsichert, traurig und betreten nach Jerusalem zurückschlurften. Sie hatten offensichtlich keine großen Hoffnungen mehr; sie glaubten sich ihrer Zukunft beraubt. Nah betrachtet: eine bejammernswerte kleine Schar; ein bemitleidenswertes Häufchen Elend – so dachte Gabriel bei sich. Laut sagte er zu Jesus: »Und daraus, aus diesen Männer und Frauen da unten soll einmal die Kirche Gottes werden? Das kann doch nicht wahr sein! Oder gibt es vielleicht einen anderen, einen Ersatzplan?« Gabriel neigte sich ganz nahe zu Jesus hin: »Herr, sag, wie sieht deine Alternative zu diesem Häufchen Elend aus? Was machst du, wenn sie versagen?«

Jesus schaute kurz zum Erzengel auf, dann blickte er wieder, immer noch versonnen, hinab auf die Erde. Liebevoll schmunzelnd flüsterte er schließlich zu Gabriel hin: »Ja, diese Menschen da unten sind mein einziger Plan. Einen anderen habe ich nicht!« – Etwas später fügte er hinzu: »Die Kirche Gottes gründet auf Kleine und Einfache; auf Ehrliche und Bescheidene. Nur sie sind glaubwürdig.«

Franz von Sales, der berühmte Bischof von Genf, wurde eines Tages von einer jungen Dame – es soll die spätere heilige Franziska von Chantal gewesen sein – angegangen: Sie sei gekommen, um sich von ihm Rat zu holen; sie möchte etwas für den Frieden in der Welt tun. Sie sei bereit, alles zu übernehmen, was immer er ihr rate.

Franz von Sales soll lange kopfnickend geschmunzelt haben, ehe er schließlich sagte: »Geh, und fange heute noch an, die Türen leise zu schliessen!«

Rücksicht auf andere – so der Bischof – sei noch allemal der Anfang allen Friedens und aller Harmonie unter Menschen und Völkern.

Von einem anderen Heiligen – es könnte Vinzenz von Paul oder Johannes vom Kreuz gewesen sein – wird berichtet, er habe einmal folgenden Rat an einen jüngeren Freund gegeben:

Wenn du alles getan hast, was dir aufgetragen wurde; wenn du das Deine dazu beigetragen hast, was man von dir erwartet hat, wenn du ehrlich sagen kannst: Ich habe meine Pflicht getan! – dann schiebe den Schlüssel unter die Matte und geh – ohne dich umzudrehen, ohne Bitterkeit, ohne Selbstmitleid. Geh – und überlasse es anderen, dein Werk fortzuführen oder deinen Spuren zu folgen ...

Einer der »vollkommensten«, einfachsten Menschen war Franz von Assisi. Martin Buber schrieb einmal über den Sonnengesang dieses Heiligen: Franziskus hat dich, Bruder Leid, unter deinen Geschwistern nicht eigens gerufen. Wie sollte er auch? Er, der mit dir, ganz geeint, und dem Aussätzigen aus einer Schüssel aß, er stand nie erschauernd vor deinem Angesicht, dem der Traum der Kreuzigung an seinem Fleiche ausbrach. Aber ich Verspäteter, Verfrühter, Abgetrennter – ich schaue dich, Bruder Leid, und lob dich mehr als Sonne und Wind ...

Im Wochenend-Magazin einer bekannten Tageszeitung wird jeden Freitag einer prominenten Persönlichkeit ein Fragebogen vorgelegt. Eine der stets gleichen Fragen lautet: »Ihre Lieblingsheldin / Ihr Lieblingsheld in der Wirklichkeit?« Erstaunlich, wie oft jene Männer und Frauen genannt werden, die durch ihre Einfachheit und Bescheidenheit auffallen – z. B. Mutter Teresa. Sie gehörte in der Tat zu den »einfachsten«, aber auch bewundernswertesten Zeitgenossen. Selbst Nicht-Christen oder erklärte Atheisten zollten ihr Anerkennung und Hochachtung. Der bayerische Dramatiker und Regisseur Franz Xaver Kroetz bekannte nach einer Indien-Reise: »Ich war längere Zeit in Kalkutta und habe dort die Einrichtungen von Mutter Teresa gesehen. Vorher habe ich die alte Dame belächelt. Aber dann besuchte ich ein Heim: Ich war in einem kleinen Raum mit zwölf Säuglingen. Die Schwester sagte, von ihnen werden in den nächsten Tagen drei sterben, die anderen kriegen wir durch. Das hatte fast eine göttliche Hilflosigkeit; es war ein Lichtblick in dieser chaotischen Stadt, ein sinnloser Versuch, einen Hauch von Liebe zu kreieren. Das hat mich beeindruckt ...« (zit. bei K.-J. Kuschel, Ich glaube nicht, daß ich Atheist bin, München 1992, 76).

Nicht minder beeindruckend war die Einfachheit Johannes' XXIII. Seine schiere Selbsverständlichkeit, seine Offenheit, seine Menschenliebe machten ihn für Millionen zu einer der sympathischsten Persönlichkeiten unserer Zeit. Der Schriftsteller Wolfgang Hildesheimer, von Haus aus Jude, sagte über ihn: »Johannes tauchte auf, eine übermächtige Figur, mit großem Charisma. Johannes war eine universale Vaterfigur. Er strahlte eine Menschlichkeit aus, wie es sie selten gibt. Er war von einer menschlichen Güte – und er wußte selbst von all dem gar nichts. Er war ein uneigennütziger und ein sich seiner selbst nicht bewußter Mensch. Ich bin nicht der einzige, der ihn so gesehen hat. Es findet plötzlich, so empfand ich das, eine Revolution des Glaubens statt. Er war sogar der Papst der Intellektuellen, obwohl er selbst alles andere als intelektuell war. Er war ein naiver Mensch. Aber eben ein Mensch, das war wohl für mich die entscheidende Wende. Von da an habe ich mich mit Glaubensfragen beschäftigt ...« (zit. s. o., 90f).

Wenn man nach dem Geheimnis großer Persönlichkeiten sucht, dann wird man schlußendlich immer wieder auf ihre Einfachheit stoßen. Bescheidenheit und Einfachheit haben sie alle ausgezeichnet, alle wahrhaft Großen: Franz von Assisi, Elisabeth von Thüringen, Johannes Vianey (Pfarrer von Ars), Charles de Foucauld, Bernhard Huss (Sozialreformer im südlichen Afrika), Ägidius Pfister (Wandermönch von Triashill/Simbabwe), Maximilian Kolbe, Engelmar Unzeitig, Dietrich Bonhoeffer, Edith Stein, Carlo Carretto, Enomya Lassalle, Karlfried Graf Dürckheim, Albert Schweitzer, Karl Rahner, Kardinal Augustin Bea, Johannes Paul I., Frère Roger und viele andere.

Alle Dinge schmecken nach Gott

Meister Eckehart hat dieses Wort geprägt: »Alle Dinge schmecken nach Gott.« – Alles trägt seine Handschrift; alles weist auf seine Spur. Menschen, Tiere, Pflanzen und Steine – alle »schmecken« sie nach Gott.

Heinrich Spaemann hat dieses »innere Hören« auf Gottes Güte und Weisheit einmal so beschrieben: »Ich gehe in der Abenddämmerung einen Hohlweg hinab; ein Rotkehlchen singt im Gebüsch seine Strophe. Unwillkürlich wird aus meinem Hören ein Lauschen; das Innere ist berührt – von einem noch unerkannten wie fernen und unbestechlichen liebenden Du, und mit der einen Saite der Seele sind zugleich viele andere in Schwingungen gekommen«

H. Spaemann, Er ist dein Licht,
Freiburg i.Br. 1992,129

Wer in inniger Naturverbundenheit lebt, »schmeckt« Gott in allen Dingen. Wer sich der Natur öffnet, öffnet sich dem Schöpfer. Wer sich dem Schöpfer öffnet, kann sein Herz nicht vor denen verschließen, die er geschaffen hat – den Menschen. »Einen anderen lieben« – so Heinrich Spaemann an anderer Stelle – »heißt zu ihm hin sich öffnen. Die Liebe bringt das Wesen eines Menschen für den anderen zum Leuchten in den Erscheinungen, in der Gebärde, im Laut der Stimme, im Tun, im Antlitz. Dadurch wird er anziehend für ihn wie das Licht. Er bekommt so, als Liebender, eine ganz eigene Rufkraft für den, der sich von dieser Liebe treffen läßt. Die Liebe ruft den anderen herüber zum Du des Rufenden. Sie ruft ihn heraus aus seinem Gehäuse, hervor aus seiner Ich-Kapsel, so daß er sich für den anderen öffnet, aus sich herausgeht, sich offenbart« (ebd., 20).

Nur der »offene«, der liebende Mensch
hört Gottes Raunen,
sieht seine Spuren,
erkennt seine Wege.

Nur der Einfache erschmeckt
die Vielfalt im göttlichen Sein.
Nur der Bescheidene,
der Demütige ist gottgefällig.

Glauben, um zu begreifen …

»Herr,
ich versuche nicht,
in deine Höhe vorzudringen.
Mein Verstand kann dich ja
auf keine Weise erreichen.
Ich wünsche nur,
einigermaßen
deine Wahrheit zu begreifen,
die mein Herz glaubt
und liebt;
denn ich suche nicht zu begreifen,
um zu glauben,
sondern ich glaube,
um zu begreifen.«

Anselm von Canterbury

Kinder sind einfach, unbeschwert, natürlich.»Ich sah ein Kind mit einer brennenden Kerze und fragte es nach der Herkunft des Lichtes. Das Kind löschte es und bat: Sag du mir, wohin es gegangen ist?!« (Hassan von Basra)

Im Natürlichen liegt die Würde der Einfachheit. »Im schweigenden All zeigt sich große Schönheit«, heißt es beim Chinesen Laotse. »Der Weise schaut auf die Schönheit des Alls zurück, er dringt ein in das den geschaffenen Dingen innewohnende Prinzip. Der Vollkommene ist der Einfache, der Einfache ist der Weise. Er vollbringt keine Taten, er ist. Indem er so ist, folgt er dem Beispiel des Alls. Der Geist des Alls aber ist zärtlich und einfach, er gestaltet alles Leben ...«

Von dieser »zärtlichen Einfachheit« hat auch der Libanese Kahlil Gibran immer wieder geschrieben: »Komm, meine Liebe, legen wir uns ins Gras, und decken wir uns mit dem Himmel zu. Laß uns ein Bündel weichen Heu's als Kopfkissen nehmen. So ruhen wir aus vor den Mühen des Tages und lauschen dem nächtlichen Flüstern des Baches im Tal.« (K. Gibran, Eine Träne und ein Lächeln, Olten 1992). Und an anderer Stelle: »Was verbindet in seinem Lied das Brausen des Meeres mit dem Gezwitscher der Nachtigall, das Heulen des Sturmes mit dem Seufzen eines Kindes? Welcher Mensch wird das Lied der Götter anstimmen?« (K. Gibran, aaO., 161). – Es ist das Lied der Einfachheit, der Wahrheit, der Zärtlichkeit Gottes.

Ähnlich empfand es wohl auch der Hopi-Indianer John Lansa. Von ihm berichtet ein (weißer) amerikanischer Autor: »Schon vor der Morgendämmerung war er auf, um die aufgehende Sonne zu grüßen. Barfuß, mit nacktem Oberkörper, stand er vor der offenen Tür – nach Osten gewandt. Als die Sonne langsam aufging, atmete er viermal ganz tief, um sein Herz und sein Inneres zu reinigen. Dann breitete er die ersten Sonnenstrahlen viermal über sich aus, von Kopf bis Fuß, und kleidete sich in ihre Kraft. Schließlich, als sich die Sonne ganz erhoben hatte, wandte er ihr sein Gesicht zu und gemahnte sich daran, seinen Gesichtsausdruck und seine Körperhaltung gütig und heiter zu bewahren – wie das Antlitz der Sonne« (zit. bei R. Kaiser, Im Einklang mit dem Universum, München 1992).

Ob Chinese, Libanese oder Indianer – sie alle erfüllte große Einfachheit, in Harmonie mit dem Kosmos; in Einklang mit dem All-Einfachen und All-Einen.

Es klingt nach einem Wortspiel, aber der Kern dieser Aussage stimmt: »Nichts bleibt einfach, wenn ich es liebend ansehe. Alles wird einfach, wenn ich es liebend ansehe. Dazwischen liegt der mühsame Weg von mir selbst weg, zu mir hin. So werde ich einfacher; so lerne ich auf dem Wasser zu gehen, mit Staunen, selbstverständlich« (Ulrich Schaffer).

Wie einfach und wie wahr –
und doch, wie schwer zu begreifen!

Im Grunde spüren wir alle: »Unsere Augen sind die Fenster unseres Herzens. Machen wir sie auf für die Sonne am Tag und für die Sterne in der Nacht – dann sind wir Gott nahe« (Phil Bosmans). Viele Dichter und Denker haben es immer wieder so empfunden. Einige haben es zu Papier gebracht, zum Beispiel Werner Bergengruen: »Du hast Bäume gepflanzt, Brot gegessen, Wein getrunken und Recht gesprochen. Du hast Kinder gezeugt, und deine Kinder haben getan wie du. Du hast gelacht und Tränen geweint – und das gleiche haben deine Kinder getan und werden deine Enkel und Urenkel tun. Und erinnerst du dich nicht, daß du einmal zu deiner Tochter gesagt hast, das Leben erscheine dir wie ein schwarzes Brot – oder ein anderes Mal als das Salz, nämlich einfach, bitter, nahrhaft und recht?« (W. Bergengruen, Von der Richtigkeit der Welt, Freiburg 1988).

Einfach – wie das Leben, wie das Brot, wie das Salz, einfach wie der Rhythmus der Natur, einfach wie ein Baum!

So hat es auch der österreichische Schriftsteller Karl Heinrich Waggerl gesehen: »Ein Mensch muß ins Ganze wachsen wie ein Baum, der sich streckt bis zum Äußersten seiner Gestalt und keinen Zweig in seiner Krone verkümmern läßt, den ihm der Himmel zu tragen erlaubt.«

Denn – so Kyrilla Spiecker: »Leben heißt nicht: alles erlebt haben müssen. Leben heißt: als Apfelbaum Äpfel, als Pflaumenbaum Pflaumen zur Reife bringen, damit andere sie dann ernten können.«

Es waren schon immer die erdnahen, erdverbundenen Menschen, die auch die einfachen waren – die Schäfer, die Förster, die Gärtner. Ganz besonders aber die Bauern!

»Der Rhythmus der Bauern prägt seit Jahrhunderten das Leben auf dem Lande: das Vieh füttern, die Kühe melken, ausmisten, Milchkannen abliefern. Ein Leben, das sich vollzieht in der Tiefe als Ergebenheit, an der Oberfläche als Seufzen: Von der Pflicht gezeichnete Gesichter mit einer Spur jener Einfachheit und jenes Friedens, die aus der Seele kommen« (Martin Gutl, Meine Wege sind dir vertraut, Styria/Graz 1990).

In der Tat, alles wird einfach, alles wird lebenswert, wenn wir es liebend ansehen und staunend lieben; wenn wir uns eins und getragen wissen von dem, »der alles so herrlich gemacht hat«.

»Als ich dich von weitem sah, hielt ich dich für einen Baum; als ich näher kam, sah ich einen Menschen. Und als ich vor dir stand, habe ich in dir meinen Bruder erkannt.« – So lautet eine Redensart in Tunesien. Der dänische Religionsphilosoph Sören Kierkegaard meinte etwas Ähnliches: »Wenn wir einmal ganz in das Reich der Liebe eingetreten sind, dann wird die Welt, so mangelhaft sie auch ist, dennoch schön und reich; denn sie besteht aus lauter Gelegenheiten zur Liebe.«

Gelegenheiten zur Liebe – so der britische Benediktinermönch Bede Griffiths, der viele Jahrzehnte in Indien gelebt hat, – bieten uns Europäern immer wieder die »einfachen Menschen« Ostasiens: »Nach all diesen Jahren in Indien bleibt dies mein tiefster Eindruck. Es gibt mehr als genug Armut und Elend in Indien. Aber überall in den Städten, selbst noch in den ärmsten, gibt es einen Überfluß an Leben und Freude ... Ich werde immer dankbar sein, daß ich nicht nur von der Mühsal, sondern auch von der Freude der Einfachheit des armen Menschen in Indien erfahren durfte. Die Armen Indiens leiden und hungern, aber es liegt ein Segen auf ihrem Leben, den die westliche Welt verloren hat« (B. Griffiths, Leben im christlichen Ashram, München 1991).

Von der »inneren Freude« und »frohen Einfachheit« der Armen und Leidenden spricht auch Heinrich Spaemann: »Mische dich ohne Aufhebens unter jene, die leiden, die man vergessen hat, die nicht verstanden oder immer noch verachtet werden, und bleib bei ihnen, im Frieden und in der Freude Christi, um für sie ein Zeichen der Hoffnung zu sein« (H. Spaemann, Er ist dein Licht, Freiburg 1992, 302).

Wahrer Glaube, so Spaemann an anderer Stelle, sei immer auch einfach, demütig, sanftmütig, offen, »freudig bereit zu ständigem Über-sich-selbst-Hinausschreiten« (ebd., 324). Im übrigen verkümmere jedes Organ, das nicht mehr geübt werde: »Wer den Leidenden nicht mehr wahrnimmt, sieht auch die Schönheit der Rose nicht« (ebd., 312).

Was wirklich bleibt,
ist Bescheidenheit und Liebe.
»Es gibt keine Größe, wo nicht Einfachheit,
Herzensgüte und Wahrhaftigkeit
vorhanden sind« (Leo Tolstoi).

Erst wenn wir in unseren Mitmenschen
den Bruder, die Schwester erkennen,
sind wir auf dem rechten Weg.
Erst wenn wir anfangen,
einfach zu leben,
sind wir mit Jesus unterwegs ...

Romano Guardini schrieb einmal:
»Je länger man lebt,
desto deutlicher sieht man,
daß die einfachen Dinge
die wahrhaft größten sind.«

Friedrich Nietzsche sah es ähnlich:
»Einfach und natürlich zu sein,
ist das höchste und letzte Ziel.«

Wer die Botschaft Jesu leben will,
kommt nicht daran vorbei:
Gefordert sind allemal Einfachheit,
Bescheidenheit, Mitgefühl.

»Wenn ich Gott unter einem Olivenbaum erwartet habe«, schrieb Carlo Carretto einmal, »kam er unter einer Eiche; wenn ich ihn in der Kirche erwartet habe, kam er in der Stadt; wenn ich ihn in der Freude suchte, kam er zu mir in meiner Traurigkeit; wenn ich ihn nicht mehr erwartet habe, fand ich ihn vor mir stehen und auf mich warten. Gott hat mich immer überrascht – und seine Zeit war nie die meine.«

Ähnlich überrascht war auch Sören Kierkegaard: »Als mein Gebet immer andächtiger und innerlicher wurde, da hatte ich immer weniger und weniger zu sagen. Zuletzt wurde ich ganz still. Ich wurde, was vielleicht ein noch größerer Gegensatz zum Reden ist, ich wurde ein Hörer. Ich meinte, Beten sei Reden. Ich lernte aber, daß Beten nicht bloß Schweigen ist, sondern Hören. So ist es: Beten heißt nicht, sich selbst reden zu hören. Beten heißt: still werden und still sein und warten, bis der Betende Gott hört.«

Beten kann eigentlich nur, wer sich müht, einfach zu sein. Der Stolze, der Hagedorn, der Überhebliche, der Besserwisser, der Allesmacher tut sich schwer, vor Gott hinzutreten und seine Schwächen und Fehler einzugestehen. Um so wichtiger ist die Einsicht, die Carl Friedrich von Weizsäcker so formuliert hat: »Die Entdeckung, daß es so einfach nicht ist, wie man gedacht hat, ist als Gewinn anzusehen.« Oder mit Lichtenberg gesagt: »Die Neigung der Menschen, kleine Dinge für wichtig zu halten, hat sehr viel Großes hervorgebracht.«

Der österreichische Schriftsteller Peter Rosegger hat es sehr subtil ausgedrückt: »Ich habe nichts gegen das Wissen; aber Weisheit ist mir lieber. Weisheit entspringt nicht so sehr dem Verstand wie dem Herzen.« Weisheit ist eine Verbündete der Einfachheit. »Willst du weise sein, mußt du leise werden!« (Robert Gehrke). Alles Laute und Lärmende will (be)herrschen; alles Schrille und Schreiende bleibt oberflächlich. Nur das Leise und Stille trägt gute Früchte; Liebe macht keinen Lärm. Einfachheit auch nicht.

»Alle Menschen mit echtem Tiefgang haben die Gabe, einfach zu sein«, schreibt der amerikanische Religionswissenschaftler Martin E. Marty. »Ihr inneres und ihr äußeres Leben entsprechen einander; sie sind frei von Selbstüberhebung, so daß ihnen auch eine gewisse Verfügbarkeit eigen ist. Sie sind bereit, sich anderen zur Verfügung zu stellen.«

An anderer Stelle meint Marty, Genie sei gewissermaßen Einfachheit. Und ein erfolgreiches Leben sei im Grunde nichts anderes als eine »Reise zur Einfachheit, ein Triumph über Unordnung und Verwirrung«.

Das heißt allerdings nicht, daß man sich unentwegt die »gute alte Zeit« zurückwünscht. Es heißt nicht, von romantischer Naturidylle zu träumen, sondern es bedeutet vielmehr die Bereitschaft, der zu werden, der man ist – vielleicht nach jener chassidischen Weisheit, die besagt:

In der künftigen Welt wird man dich nicht fragen: Warum warst du nicht Mose oder Elija? Nein, man wird dich fragen:

Warum warst du nicht du selbst?!

»Vor die Wahl gestellt, entscheide ich mich immer für die Einfachheit und Durchsichtigkeit« (Peter Ustinov). Denn nur das Wahre ist einfach. Mensch sein, Mensch werden heißt lernen, einfach zu sein. Mit einfachen Dingen glücklich zu sein. Mensch werden heißt darum auch: lernen, sich mit wenigem zu begnügen; sich von allem Überflüssigen zu verabschieden; »sich weigern, in Materie zu ersticken« (Phil Bosmans).

Wahre Schönheit wächst mit der Einfachheit,
mit dem Verzicht auf Überflüssiges,
mit der Bereitschaft,
nach innen zu schauen,
mit dem Willen, gut zu sein.

»Charme ist der unsichtbare Teil der Schönheit, ohne den niemand wirklich schön sein kann« (Sophia Loren).

»Schönheit scheint heller im Herzen dessen, der sich danach sehnt, als in den Augen dessen, der sie sieht« (Kahlil Gibran).

Der Grieche Nikos Kazantzakis war gar der Meinung, die Schönheit sei eine Gottestochter: »Wenn wir nach ihr schauen, können wir Gottes Antlitz ahnen.«

Dazu ist allerdings die »innere Schau« der Dinge nötig, von der Ignatius von Loyola spricht: »Nicht das Vielwissen sättigt die Seele und gibt ihr Genüge, sondern das Fühlen und Kosten der Dinge von innen.«

Werner Bergengruen meinte im Grund nichts anderes, als er schrieb: »Es ist wichtig, das eigene Leben als ein Continuum (ein Zusammenhängendes, ein Fortdauerndes) zu erblicken und zu fühlen; ja, dahin zu gelangen, ist des Menschen eigentliche Aufgabe.«

Wer so denkt und fühlt, weiß sich in Harmonie mit dem Schöpfer, und, weil in Harmonie mit Gott, auch in Harmonie mit seinen Geschöpfen – sowie dem gesamten Kosmos.

Einfache Menschen bleiben gottverbundene.
Gottverbundene finden Schönheit
in der Einfachheit, in der Wahrheit, in der Liebe.

Zu Mahatma Gandhi sagte einmal eine Ordensschwester, sie habe früher immer sehr gerne gebetet, aber jetzt habe sie damit aufgehört. Warum, wollte Gandhi wissen, warum sie mit dem Beten aufgehört habe? Die Nonne: »Weil ich mir damit selbst etwas vormachte.« Darauf der Inder: »Ihre Antwort ist natürlich richtig; aber warum hören Sie auf zu beten? Sie sollten aufhören, sich etwas vorzumachen!«

Johann Michael Sailer verdanken wir
das folgende kurze Gebet:
»Herr, du kennst mich,
und du hast mich erwählt.
Nimm mich also, wie ich bin,
und zeige mir,
wie du mich haben willst!«

»Es sind die kleinen Dinge,
die uns brauchen;
denn wir hauchen
alle Lebensringe
in sie ein.
Drum ergreift sie,
meine Hände,
voller Liebe –
so als bliebe
ohne euch
am Ende
jedes Ding
allein!«

KARLFRIED GRAF DÜRCKHEIM

Es ist eine Binsenweisheit: Wer traurig ist, bleibt länger krank. Menschen, die das Leben bejahen, die voller Zuversicht und mit Vertrauen in die Zukunft schauen, gesunden schneller als jene, die sich fallen lassen, Trübsal blasen, so gar keine Kraft mehr entwickeln zum Weitermachen.

Wer die Botschaft von der Liebe und Menschenfreundlichkeit Gottes erkannt hat und danach zu leben sucht, kann auf Dauer nicht traurig sein. Er erinnert sich vielmehr auch an jene Weisheit des Alten Testaments, die im Buch der Sprichwörter geschrieben steht: Kummer im Herzen bedrückt den Menschen, ein gutes Wort heitert ihn auf.

So schwer und doch so einfach auch kann der aufrechte Gang sein.